Elena y el monito

Lada Kratky
Ilustrado por Lydia Halverson

HAMPTON-BROWN
Quien sabe dos lenguas vale por dos.

Elena puso panes, tomates y limonada.

Elena dijo:
—Todo está listo, menos algo para el sol.

El monito tomó los panes.
El monito tomó los tomates.
El monito tomó la limonada.

—No veo ni mis panes,
ni mis tomates,
ni mi limonada —dijo Elena—.
¡No veo nada!

Desde bien alto el monito
se asomó y dijo:
—¡Ni yo!